LE CAPITAL AU XXIe SIÈCLE
DE THOMAS PIKETTY

— Mieux comprendre les inégalités contemporaines

par Steven Delaval

50MINUTES

50MINUTES

DEVENEZ UN PRO
EN BUSINESS !

50MINUTES
Gestion & Marketing I numéro 9
LA PYRAMIDE DES BESOINS
DE MASLOW
Pourquoi faut-il comprendre
les besoins du client ?

Besoins de reconnaissance personnelle
Besoins de reconnaissance
Besoins d'appartenance
Besoins de sécurité
Besoins physiologiques

La matrice SWOT

La théorie des jeux

Adam Smith

La règle des 80/20

Le freemium

www.50minutes.com

MIEUX COMPRENDRE
LES INÉGALITÉS CONTEMPORAINES

Le capital au XXIe siècle, le best-seller de Thomas Piketty publié en 2013, porte sur la dynamique historique des revenus du travail et des patrimoines depuis la révolution industrielle jusqu'à nos jours. Avec un titre qui rappelle à raison l'œuvre de Karl Marx sur l'accumulation du capital au XIXe siècle, Piketty nous offre son analyse de la situation économique en ce début de XXIe siècle, avec l'avantage de disposer de données quantitatives inimaginables à l'époque des économistes classiques.

Résultat de 15 ans de compilation de données statistiques concernant non moins de 20 pays – travail ayant abouti à la création du WTID ou *World Top Income Database* – et de nombreuses collaborations universitaires, cet ouvrage est une véritable référence pour ceux qui veulent comprendre de manière plus approfondie les transformations du capital, du travail et de l'économie mondiale depuis 300 ans. De plus, grâce au recul historique, cette étude propose une mise en perspective de la situation économique actuelle ; elle appelle même, comme nous le verrons, à un réel changement de paradigme.

Son postulat ? Livré à lui-même en période de croissance économique faible, le capitalisme opère une concentration du capital entre les mains d'une minorité très riche, accroissant sans cesse les inégalités. En 50 minutes, ce livret vous présente les arguments principaux et les solutions apportés par l'auteur.

<u>**Quelques données**</u>

- **Référence ?** Piketty (Thomas), *Le capital au XXIᵉ siècle*, Paris, Seuil, 2013.
- **Auteur ?** Économiste français, spécialiste de l'étude des inégalités économiques, né en 1971 à Clichy.
- **Courant ?** Les idées développées par Piketty peuvent être rapprochées de la théorie interventionniste ou keynésienne (qui préconise une ingérence des pouvoirs publics dans la vie économique d'un pays).
- **Mots-clés ?**
  - **Capital :** ensemble des avoirs, financiers ou autres, possédés par une entité (personne, famille, entreprise, pays, etc.), constituant un patrimoine et pouvant rapporter un revenu. Ainsi, « patrimoine » et « capital » sont considérés comme synonymes dans le livre.
  - **Revenu national (RN)** : somme des revenus d'un pays, qu'ils proviennent de l'intérieur des frontières comme de l'étranger, diminuée des revenus partant à l'étranger. Le revenu national se distingue du produit intérieur brut (PIB), qui est la somme de toutes les productions faites sur le territoire d'un pays, même si leurs revenus partent vers l'étranger. Ainsi, par exemple, les pays producteurs de pétrole ont un revenu national bien supérieur à leur PIB, tandis que les pays du tiers monde ont au contraire un PIB supérieur à leur RN. Les pays riches de l'OCDE, quant à eux, ont généralement un revenu national entre 1 et 2 % supérieur à leur PIB.
  - **Inflation :** augmentation générale et durable du coût de la vie.

MISE EN CONTEXTE

L'AUTEUR

Né à Clichy en 1971, Thomas Piketty est professeur d'économie ainsi que directeur d'études à l'École des hautes études en sciences sociales de Paris (EHESS) depuis 2000. De 2005 à 2007, il est également en charge de la création puis de la direction de l'École d'économie de Paris (PSE). Il est l'auteur de nombreux articles académiques et d'une dizaine de livres consacrés au développement économique et à la question de la répartition des richesses. Son ouvrage *Le capital au XXIe siècle* a atteint le statut de best-seller mondial avec plusieurs centaines de milliers d'exemplaires vendus à travers le monde, tant en Europe qu'aux États-Unis ou en Asie.

CONTEXTE ET COURANT

Piketty se place dans une perspective macroéconomique au niveau mondial. Ce faisant, il tente d'apporter sa contribution à la réflexion générale qui a suivi la crise de 2008-2009 concernant les mécanismes de l'instabilité financière.

LA CRISE DE 2008

En 2007 éclate la crise des *subprimes*. Ce terme désigne les crédits hypothécaires américains risqués, octroyés en masse par les banques à partir de 2001 à des ménages peu solvables désirant acquérir une maison. Ces crédits à risque élevé étaient ensuite vendus à différents acteurs financiers qui les acquéraient non dans le but de les garder, mais afin de les revendre avec une plus-value. Mais lorsque de nombreux emprunteurs de prêts *subprimes* n'ont plus été capables d'honorer leur dette et ont vu leur maison confisquée et remise en vente pour rembourser les banques, cela a fait diminuer la valeur de l'immobilier pour tout le monde, y compris pour les emprunteurs sérieux. Par un effet domino, cette crise immobilière a entraîné la faillite du secteur financier et a fini, dès l'année suivante, par provoquer de graves problèmes au sein de l'économie mondiale.

La crise a provoqué une remise en question – toujours en cours – des paradigmes dominant dans les sciences économiques : des concepts théoriques basés sur la doctrine néoclassique et une méthodologie s'appuyant largement sur la modélisation mathématique. Si l'on peut observer dès le début des années 2000 le développement de nouvelles approches s'éloignant parfois fortement des principes néoclassiques, la discipline telle qu'enseignée à l'université reste cependant encore très attachée à ce courant né vers la fin du XIXe siècle, contribuant au maintien d'un modèle dominant parfois peu en phase avec les évolutions de la société. Le choc de 2008 a projeté ces manquements sur le devant de la scène, en mettant au jour l'incapacité de la discipline à prévoir ou même expliquer ces phénomènes de crise.

Piketty s'inscrit donc dans les préoccupations de son temps (rendre compte des évolutions récentes de notre système au niveau mondial et tenter de comprendre le pourquoi de l'instabilité actuelle), bien qu'en marge des schémas habituels de pensée économique. Tout d'abord, son étude est bien plus large que la plupart des travaux généralement réalisés, tant sur le plan géographique et temporel qu'en ce qui concerne la quantité de données sur lesquelles il se base. Ensuite, son point de vue, celui de la répartition et de l'accumulation du capital comme éléments majeurs du fonctionnement des sociétés modernes, est atypique. Quant à sa méthodologie, elle se rapproche aussi bien de l'économie que de l'histoire ou de la sociologie.

Cet ouvrage s'adresse autant aux spécialistes qu'à un public plus large soucieux d'élargir ses connaissances dans ces matières.

SYNTHÈSE DU *CAPITAL* AU *XXIᵉ SIÈCLE*

Nous n'entrerons pas ici dans le détail des propositions de Thomas Piketty, qui développe son propos sur plus de 900 pages. Nous présenterons les lois économiques qu'il énonce et sur lesquelles il s'appuie, avant de décrire les observations qu'il est en mesure de réaliser ainsi que les thèses qu'il formule grâce aux données récoltées. L'ensemble de son texte est basé sur l'analyse de différents indicateurs économiques qui, pris sur de longues périodes, nous permettent de réinterpréter nombre d'opinions aujourd'hui populaires, bien que symptomatiques d'une certaine myopie historique.

Modèle de méthodologie et de lisibilité, l'ouvrage s'accompagne en outre d'annexes techniques régulièrement actualisées et disponibles sur Internet, offrant ainsi au lecteur une vue d'ensemble facilitée ainsi qu'une possibilité d'approfondissement personnel plus aisée (http://piketty.pse.ens.fr/fr/capital21c).

NOUS SOMMES PORTEURS DES BIAIS DE NOS ÉPOQUES

BON À SAVOIR

Un biais est un schéma de pensée qui simplifie la réalité – ce qui est utile, voire nécessaire à l'être humain pour évoluer dans un monde complexe –, mais qui va aussi la déformer, souvent dans le sens d'un a priori préexistant à une observation. Le biais tend donc à confirmer nos opinions préconçues, parfois même quand les faits devraient nous les faire réévaluer.

Thomas Piketty lance sa problématique de cette manière : même si chacun est a priori capable d'observer les conditions de vie contemporaines ainsi que les rapports de pouvoir et de domination entre groupes sociaux, notre rapport au monde n'en reste pas moins subjectif. D'ailleurs, les biais de jugement ne concernent pas uniquement le commun des mortels : même les plus grands noms de l'économie n'y échappent pas.

- Piketty nous montre ainsi comment, vers 1790, des auteurs comme **Thomas R. Malthus** (1766-1834) avaient des visions apocalyptiques de l'avenir des classes laborieuses. Malthus est un économiste britannique de l'école classique opposé au concept de « main invisible » d'Adam Smith (philosophe et économiste écossais, 1723-1790) qui créerait une société harmonieuse grâce à l'ajustement naturel des prix à partir de la loi de l'offre et de la demande. Dans son *Essai sur le principe de population*, Malthus anticipe les problèmes sociaux que causerait une croissance démographique trop forte en engendrant une évolution plus rapide des besoins de la population que des ressources disponibles.
  Il s'oppose également à la première loi sur le salaire minimum (loi de Speenhamland ou loi des pauvres) mise en place entre 1795 et 1834, lui reprochant de favoriser la déresponsabilisation des travailleurs. Étant pasteur, il milite pour un contrôle démographique par l'abstinence. Des pays comme l'Inde, la Chine ou le Vietnam ont par exemple pratiqué des politiques malthusiennes de contrôle de leur population (comme la politique de l'enfant unique en Chine de 1979 à 2015).
- A contrario, les ouvrages pourtant scientifiquement corrects de **Simon Kuznets** (1901-1985) ont débouché sur des théories que l'on peut juger candides : le capitalisme mènerait par nature à une réduction des inégalités. Bien que la presse grand public ait généralisé abusivement les propos de Kuznets, devenu célèbre pour des thèses erronées qui n'étaient pas les siennes, cet auteur d'origine biélorusse ayant travaillé aux États-Unis, prix Nobel d'économie

en 1971, est néanmoins considéré comme le « père des comptes nationaux » (qui consistent en la mesure de l'activité économique d'un pays pendant une période donnée) et est l'inventeur du concept de PIB (indicateur économique de la production réalisée dans les limites d'un territoire donné, sur une période définie). C'est de son analyse de la situation américaine entre 1913 et 1948 que s'inspire Piketty pour réaliser sa propre étude. Celle-ci s'étend cependant sur 300 ans et dans 20 pays, là où Kuznets n'a fait l'exercice que pour une génération dans un pays.

- Enfin, **Robert Solow** (né en 1924) est un sociologue et économiste new-yorkais qui servit l'armée américaine entre 1942 et 1945 au Maghreb et en Italie. Par la suite, il conseilla le président Kennedy et reçut le prix Nobel d'économie en 1987 (bien qu'il se considère comme n'étant « pas doué en mathématiques »). Pour lui, l'économie et le social ne font qu'un et la croissance doit à terme bénéficier de manière égalitaire à toutes les classes sociales. Cependant, si l'époque était alors caractérisée par de la croissance et une diminution des inégalités, nous pouvons dire aujourd'hui que c'est une erreur de concevoir un lien de nécessité entre ces deux phénomènes.

Si ces théories font parfois sourire de nos jours, il faut bien comprendre qu'elles ont été énoncées par d'éminents spécialistes et qu'elles paraissaient tout à fait plausibles à l'époque. Les êtres humains ayant tendance à prendre pour naturelles et universelles les conditions dans lesquelles ils vivent, nous sommes donc porteurs de biais, et c'est précisément pour nous permettre de prendre de la distance par rapport à nos prismes contemporains que Thomas Piketty rédige cet ouvrage sur l'évolution de l'économie mondiale depuis la révolution industrielle.

PREMIÈRES ÉTUDES SUR LE CAPITAL

Pour mieux poser sa démonstration, l'auteur revient sur les premières grandes théories du capital.

David Ricardo et le principe de rareté

David Ricardo (1772-1823) est un des plus importants économistes anglais libéraux des XVIIIe et XIXe siècles. Témoin de l'explosion démographique de son époque, il prévoit une insuffisance de la production agricole et de fortes pressions sur les terres : la demande en parcelles cultivables augmentera mécaniquement avec l'accroissement de la population, tandis que l'offre ne pourra que rester stable, l'Angleterre étant une île. Dans ce contexte, une envolée des prix des terrains semble inévitable. Ricardo postule que seuls de richissimes propriétaires pourront à terme acquérir des terres, avec les conséquences sociales qu'on imagine.

Ricardo utilise donc la loi de l'offre et de la demande dans le but de prédire une augmentation du prix du capital foncier dans le temps, et afin d'anticiper ses conséquences sociales et politiques. Pourtant, la réalité se révélera tout autre : Ricardo ne pouvait imaginer ni les progrès techniques à venir ni l'essor qu'allait connaître le colonialisme. Ces deux facteurs permettront des niveaux de productivité totalement inédits et feront exploser artificiellement la surface de terre disponible. La théorie économique, bien que mathématiquement logique, s'est donc retrouvée caduque en raison de facteurs historiques imprévisibles.

Marx et le principe d'accumulation infinie

COURTE BIOGRAPHIE

Karl Marx (1818-1883) est autant un philosophe, un historien et un économiste qu'un activiste politique. Auteur pléthorique, il a eu une influence majeure sur l'économie, la sociologie et l'histoire du XXe siècle pendant lequel de nombreux mouvements révolutionnaires se sont réclamés de sa pensée. Cet Allemand de bonne famille, qui s'est rendu en France pour participer au mouvement socialiste naissant, se voit chassé de Paris en 1845 et va donc rédiger le *Manifeste du Parti*

Dans le premier tome du *Capital* (1867), Karl Marx (1818-1883) défend l'idée que l'accumulation infinie du capital dans les mains d'une minorité provoque la misère du prolétariat industriel, aussi bien en Angleterre qu'en Allemagne, en France ou en Belgique – qui est le premier pays d'Europe continentale à subir le choc économique et social de la révolution industrielle. Les années 1800 à 1860 se distinguent effectivement par des salaires extrêmement bas et des capitaux qui s'envolent. La situation est alors si choquante pour la population que les premiers partis socialistes font leur apparition (1840-1850). En Belgique, des émeutes meurtrières obligent le roi Léopold II (1835-1909) à initier une ébauche de législation sur le travail (temps de travail limité, âge minimum, etc.). De fait, les conditions de travail de l'époque rappellent celles des pays en voie de développement d'aujourd'hui. Mais il faudra attendre la reconstruction postérieure aux deux guerres mondiales et l'arrivée du « péril communiste » pour que des progrès plus substantiels voient le jour au niveau législatif et pour que les salaires commencent à rattraper leur retard de croissance.

Pour Marx, la diminution des rendements du capital due aux chocs d'offre et à la concurrence accrue pouvait avoir deux types de conséquences : la révolte du peuple privé de travail et de moyens de subsistance, ou la guerre entre capitalistes.

Si les écrits de Marx et Engels ont été fort critiqués après la chute de l'URSS (1989), étant donné la consécration que cet événement a apportée au capitalisme, les prédictions de Marx n'en étaient pas moins correctes sur de nombreux points :

- les antagonismes entre capitalistes ont joué un rôle important dans l'entrée en guerre en 1914 ;
- après 1918, l'Europe a été secouée par de graves conflits sociaux qui ont permis l'avènement des partis d'extrême droite, du nazisme (national-socialisme germanique) au fascisme (idéologie contre-révolutionnaire italienne, violemment opposée au socialisme et au communisme) ;
- les mouvements socialiste et communiste ont fait l'histoire des années 1950 à 1980 et même divisé le monde en deux blocs idéologiquement opposés durant la guerre froide.

Aujourd'hui, la pertinence de l'œuvre de Marx est de nous donner un cadre théorique pour analyser les évolutions de la concentration du capital.

CONCEPTS ÉCONOMIQUES

Deux lois économiques

Piketty énonce deux grands principes économiques qu'il qualifie de lois fondamentales du capitalisme :

- la première établit que la part des revenus du capital dans le revenu national est égale au produit du taux de rendement du capital et du rapport du patrimoine national (ou capital national, c'est-à-dire le total des patrimoines privés) au revenu national.

La première loi économique fondamentale du capitalisme

$$\alpha = r.\beta$$

- où α mesure la part des revenus du capital dans le revenu national ;
- r = taux de rendement du capital ;
- β = K/RN, c'est-à-dire le rapport entre le stock fixe de capital K et le revenu national RN.

- la seconde loi, plus révélatrice de la logique globale de l'ouvrage, stipule que sur le long terme, le rapport entre le patrimoine national et le revenu national est lié au ratio entre le taux d'épargne et le taux de croissance de l'économie.

La seconde loi économique fondamentale du capitalisme

$$\beta = s/g$$

- où β mesure la part du capital dans une économie donnée (K/RN) ;
- s = taux d'épargne ;
- g = taux de croissance.

La contradiction centrale du capitalisme

En parallèle, Piketty fait un constat majeur pour sa démonstration, qu'il appelle la contradiction centrale du capitalisme : si le taux de rendement du capital est supérieur au taux de croissance (r > g) – et d'après lui, c'est ce qu'on peut observer sur le long terme –, alors le poids du capital dans l'économie augmente, ce qui produit une aggravation des inégalités.

Pourquoi ? Parce qu'en cas de croissance économique inférieure au taux de rendement du capital, les revenus issus des placements de capitaux augmentent plus vite que les salaires. Il suffit donc aux détenteurs de capitaux d'épargner pour que leurs avoirs se multiplient plus rapidement que le reste de l'économie, ce qui tend à faire augmenter les inégalités.

Les études statistiques de Piketty montrent que la répartition traditionnelle des revenus entre capital et travail se situe aux alentours de 30-35 % pour le capital et de 65-70 % pour le travail. Si l'on analyse les variations du rapport K/RN dans le temps, on peut observer que le capital a subi des chocs importants liés à la Première Guerre mondiale, à la crise de 1929 et à la Deuxième Guerre mondiale. Après 1950, le taux de rendement de ce facteur de production augmente à nouveau de manière continue pour atteindre aujourd'hui un pourcentage proche du niveau de 1910.

Le rapport capital/revenu dans le monde, 1870-2100

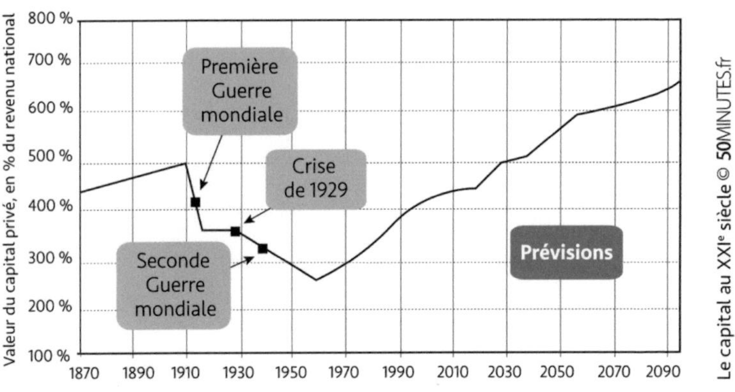

Source : http://piketty.pse.ens.fr/fr/capital21c

Ainsi, la part du facteur capital se voit renforcée au détriment du facteur travail. En effet, si l'épargne des plus riches augmente plus vite que les salaires du reste de la population, ce sont eux également qui auront les moyens d'investir toujours plus en capital, et par conséquent continueront de s'enrichir plus rapidement que les autres. D'où le principe d'accumulation à l'infini de Marx et une inquiétude non dénuée de sens concernant l'évolution de la condition sociale.

L'ANALYSE DE PIKETTY À PARTIR DE CES OBSERVATIONS

L'illusion d'un retour vers les Trente Glorieuses

Actuellement, l'Europe vit dans la nostalgie des Trente Glorieuses (1946-1975), période durant laquelle la croissance bénéficie du plan Marshall (programme d'aide économique à l'Europe lancé par les États-Unis après la Seconde Guerre mondiale) et d'un phénomène de rattrapage de la productivité européenne par rapport à la productivité américaine. De plus, la guerre a provoqué une réduction importante du rapport K/RN, donnant à l'Occident l'illusion d'avoir atteint l'idéal d'une société sans classes, comme a essayé de le démontrer empiriquement le sociologue américain Robert Nisbet (1913-1996) dans son article « The Decline and Fall of Social Class » (1959). En France, le sociologue Louis Chauvel (né en 1967) a également fait le constat d'une perte de la conscience de classe et d'une homogénéisation des types de consommation en 1990. Pourtant, 15 ans plus tard, les classes font leur retour et Chauvel signe le livre *Les classes moyennes à la dérive* en 2006. Nous pouvons constater ici les liens très étroits qui unissent l'économie et la sociologie au niveau historique.

Aujourd'hui, nous imaginons toujours que les « Trente Piteuses » (expression forgée par Nicolas Baverez, essayiste français né en 1961), ces années de récession qui ont suivi la période dorée de l'après-guerre, vont se terminer pour laisser place à une nouvelle période faste. Mais pour que l'économie coïncide avec cette idée, il faudrait que la croissance annuelle du PIB soit égale ou supérieure à 3 %, ce qui ne semble pas près de se produire.

Piketty soutient, à l'instar de nombreux économistes, que c'est la situation des Trente Glorieuses qui était exceptionnelle et qu'il est fort à parier que nous n'y reviendrons pas. D'autres pays ont connu des phases de rattrapage à croissance rapide comme les quatre dragons asiatiques (Hong Kong, Corée du Sud, Taiwan, Singapour) dans les années soixante à quatre-vingt-dix. Les BRICS (Brésil, Russie, Inde, Afrique du Sud et surtout Chine) vivent actuellement ce phénomène de rattrapage. La Chine semble d'ailleurs avoir partiellement rattrapé l'Occident puisqu'elle souffre aujourd'hui d'un ralentissement de la croissance en dessous de 10 %. La situation qu'a vécue l'Europe au cours des années quarante à soixante-dix n'est donc pas un événement unique dans l'histoire, et la situation actuelle ne nous permet pas d'espérer un retour à ce type de configuration.

C'est en ce sens que nous devons opérer un changement de paradigme : au lieu de baser nos réflexions sur un modèle dans lequel les Trente Glorieuses seraient une situation normale à laquelle il faudrait revenir, il nous faut au contraire considérer que nous sommes les témoins d'un processus de normalisation. De là, reste à définir comment nous pouvons démocratiquement contrôler l'évolution de la société.

Par ailleurs, nombre d'Européens souffrent d'une erreur d'attribution causale : ils voient le ralentissement de la croissance et la perte de leur pouvoir d'achat comme une conséquence directe de la libéralisation de l'économie. Or nous pouvons constater que l'essentiel de cette libéralisation s'est faite durant les années quatre-vingt-dix, consécutivement à la chute du mur de Berlin, tandis que le ralentissement de la croissance s'opère dès le début des années soixante-dix avec les crises pétrolières à répétition. Ce constat invalide partiellement le rôle néfaste de la libéralisation. Dans cette perspective, nous pouvons nous demander quel phénomène est la cause ou la conséquence de l'autre. Est-ce la libéralisation qui a engendré la décroissance ou est-ce la crise qui a permis au libéralisme de reprendre des forces ?

Les inégalités au XXe siècle

Dans la troisième partie de l'ouvrage, Piketty utilise un nouvel outil, différent du rapport K/RN, pour étudier l'évolution des inégalités dans le temps : le rapport inter-décile. Fondé sur une méthode statistique classique, ce rapport forme un indicateur simple permettant de comparer les écarts entre les salaires les plus hauts et les plus bas.

La méthode pour obtenir cet indicateur est la suivante :

- compilez les salaires de toute une population sur une année donnée ;
- comptez le nombre d'occurrences de chaque salaire (c'est-à-dire le nombre de personnes ayant un même salaire) ;
- placez ces chiffres sur un graphique afin d'obtenir une courbe de répartition des salaires dans une population, que vous pouvez à présent diviser en tranches de 10 % (déciles), de 1 % (centiles) ou de 0,1 % (millimes) ;
- divisez le dernier décile, c'est-à-dire le salaire minimum des 10 % les plus riches, par le premier, qui représente le salaire maximum des 10 % les plus pauvres (D9/D1) ;
- recommencez l'opération pour chaque année et reportez les résultats sur une ligne du temps afin d'obtenir le rapport d'inégalité sur le long terme.

L'inégalité de la propriété du capital

Part des différents groupes dans le capital total	Europe 2010	États-Unis 2010
Les 10 % les plus riches	60 %	70 %
• dont les 1 % les plus riches	25 %	35 %
• dont les 9 % suivants	35 %	35 %
Les 40 % du centre	35 %	25 %
Les 50 % les plus pauvres	5 %	5 %

Cette méthode est très familière des instituts de statistiques, mais Piketty critique l'utilisation systématique du rapport inter-décile D9/D1, alors que le rapport inter-centile C99/C10 (les 1 % les plus riches face aux 10 % les plus pauvres) est bien plus révélateur des évolutions actuelles en matière d'inégalités. L'indicateur offre en effet peu de résultats significatifs des tendances du moment si l'on ne considère pas les derniers centiles.

À la suite de la Première Guerre mondiale, la part du revenu national du décile supérieur (les 10 % les plus riches), qui était de 45-50 % au début du XXe siècle, est passée en dessous des 40 %. Le rapport regagne un peu de vigueur avant de s'écrouler à 30 % en 1942. Il effectue ensuite une lente remontée jusqu'en 1969 qui a été le cadre des crises pétrolières. Avec la chute du mur de Berlin qui a sonné le glas du communisme en 1989, le rapport D9/D1 remonte rapidement aux États-Unis et timidement en France.

Nous avons reproduit ici les graphiques permettant de comparer les situations en France et aux États-Unis.

L'inégalité des revenus en France, 1910-2010

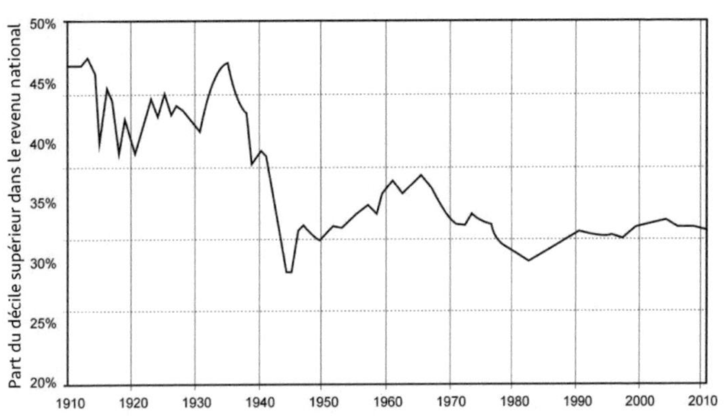

Source : http://piketty.pse.ens.fr/fr/capital21c

L'inégalité des revenus aux États-Unis, 1910-2010

Source : http://piketty.pse.ens.fr/fr/capital21c

Au niveau sociologique, de la Belle Époque (années précédant la Première Guerre mondiale) à la fin du XXe siècle, nous sommes passés d'une société bourgeoise de rentiers à une société de cadres plus méritocratique et dans laquelle la richesse par héritage est mal perçue. Les centiles 90 à 99 sont en effet constitués de cadres, d'ingénieurs, de médecins, d'avocats et de commerçants qui gagnent approximativement deux fois le revenu moyen.

Si Piketty condamne les instituts de statistiques, c'est qu'aujourd'hui, l'essentiel du développement des inégalités se joue sur le pourcent de la population le plus riche, qui peut gagner entre 10 et 30 fois le revenu moyen. Depuis 1970, il apparaît que le dernier décile et surtout les derniers centiles se sont accaparé 75 % des bénéfices de la croissance alors que sur l'ensemble de la période, le revenu médian n'a augmenté que de 0,5 % par an. Aux USA, c'est la montée des super-salaires (et non celle des cadres moyens) qui explique le mieux cette divergence par rapport aux années soixante-dix (le phénomène étant bien antérieur à la crise de 2008). Aujourd'hui, les cadres supérieurs de multinationales peuvent gagner jusqu'à 1,5 million d'euros par an. Ce phénomène originairement anglo-saxon tend actuellement à se diffuser en France, en Allemagne, au Japon et au Danemark.

D'une certaine manière, tant que ces inégalités se forment au sein d'un système méritocratique, elles ne viennent pas remettre en cause la société démocratique moderne. Mais puisque, comme nous l'avons vu, le taux de rendement du capital est actuellement supérieur au taux de croissance et puisque ce taux de rendement du capital est d'autant plus élevé que les sommes investies sont élevées, ce sont ceux qui possèdent déjà un gros capital de départ qui continuent de s'enrichir. Nous revenons d'une certaine manière à un modèle de société de rentiers similaire à celui de la Belle Époque.

Ce type d'évolution dans lequel le rendement du capital s'avère être bien supérieur au rendement du travail peut faire craindre que les inégalités retrouvent les niveaux de la fin du XIXe siècle. Car si l'on considère les raisons tout à fait accidentelles pour lesquelles les inégalités ont diminué au XXe siècle, on peut comprendre que les Trente Glorieuses ont en fait été une période exceptionnelle mais que les phénomènes actuels d'augmentation des inégalités peuvent être compris comme un retour à un modèle de société dont nous ne partageons plus les valeurs.

Les effets de l'internationalisation

Si au XIXe siècle les monnaies et taux de change étaient d'une stabilité à toute épreuve, le XXe siècle a inventé une arme à double tranchant : l'inflation. Pour illustrer cela, Piketty prend pour exemple les romans du XIXe siècle tels que *Le Père Goriot* de Balzac (écrivain français, 1799-1850), qui pouvaient compter sur des devises stables pour ancrer leur propos dans la réalité, dans la mesure où une valeur pouvait servir de référence sur le long terme. Aujourd'hui, l'inflation rend impensable pour un romancier de détailler la fortune d'un personnage, puisqu'une description trop précise perdrait son sens dans un délai très court.

Hors considérations littéraires, l'inflation a en revanche pu servir à réduire la dette publique. En effet, cette dernière étant calculée en valeur absolue (elle n'est pas indexée à l'inflation), l'inflation va faire « fondre la dette », car si les prix augmentent, l'État voit ses rentrées fiscales s'accroître en parallèle, tandis que les intérêts à rembourser restent fixes. Ce système a été très utilisé par de nombreux pays européens au lendemain des crises pétrolières, car les intérêts à rembourser pesaient de manière importante sur les deniers publics. Malheureusement, si elle permet de s'acquitter de ses dettes à peu de frais, l'inflation provoque aussi une augmentation des coûts de production, ce qui se répercute sur les prix à l'exportation et donc creuse un écart de compétitivité par rapport au reste du monde. Ce seul facteur a provoqué nombre de délocalisations hors OCDE et permis le rattrapage de certains pays émergents, qui ont pu tirer parti de leur production bon marché.

Piketty utilise ces quelques développements concernant l'économie internationale pour nous expliquer à quel type d'évolution nous devons nous attendre pour les années à venir. La crise en Europe et l'envolée des pays BRICS font craindre à certains une perte de puissance du vieux continent qui, pour les esprits les plus alarmistes, pourrait même se retrouver entre les mains des pays producteurs de pétrole ou de la Chine. Il est vrai que ces pays ont actuellement des taux de croissance de 5 % par an en moyenne contre 2 % pour les pays de l'OCDE ; par conséquent, ils pourraient, dans une hypothèse d'évolution linéaire continue, bientôt dépasser l'Occident en termes de richesse et d'influence.

Mais ces pays sont en réalité en plein processus de rattrapage : l'histoire nous a appris que leur croissance va diminuer une fois qu'ils auront atteint le même stade de développement que les pays de l'OCDE. Cela a été le cas de l'Europe de l'Ouest après la reconstruction consécutive à la Seconde Guerre mondiale, et c'est aujourd'hui le cas de la Chine qui doit faire son deuil d'une croissance à deux chiffres. Le pays du milieu suit actuellement le même chemin que ses prédécesseurs, dévaluant sa monnaie afin de rattraper son nouveau déficit de compétitivité sur les pays d'Asie du Sud-Est, eux-mêmes entrés depuis peu dans ce processus de croissance soutenue.

Ensuite, si les pays développés produisent apparemment peu au regard de l'importance globale des échanges internationaux, il faut savoir que les transferts de fonds des pays de l'OCDE vers le reste du monde ne représentent que 25 % de leur plus-value sur la production ; l'essentiel des échanges se joue entre les pays membres de l'OCDE qui restent, entre eux, leurs meilleurs clients mutuels.

Pour Piketty, ce n'est donc pas à une dépendance croissante de l'Occident envers ses fournisseurs en matières premières ou en produits finis qu'il faut s'attendre – puisqu'en réalité, la plus grande part de ses échanges ne dépasse pas les frontières de l'OCDE –, mais à un développement important des capitaux privés. Certes, ce modèle économique défendu par l'auteur prédit un futur dans lequel chaque pays se voit de plus en plus possédé par ses propres milliardaires ; mais cela ne présente pas de désavantage flagrant pour les pays occidentaux. C'est pour cela qu'il conclut que nous voyons aujourd'hui le développement de sociétés oligarchiques, sociétés dans lesquelles le pouvoir se concentre entre les mains de la minorité possédante.

Avec la baisse programmée de la démographie occidentale, un faible taux de croissance mondiale et une concurrence interétatique forte pour attirer les capitaux, les taux de rendement du capital deviennent plus importants à mesure que les sommes investies sont importantes. Pour toutes ces raisons, il est fort probable que la tendance r > g se renforce à l'avenir avec la conséquence que nous avons étudiée : une augmentation du taux de rendement du capital durant une période de croissance faible tend à augmenter le poids de ce dernier dans l'économie et donc à renforcer la part du facteur capital au détriment du facteur travail.

Le décor est donc planté pour que les derniers centiles et millimes de la courbe de répartition des richesses s'approprient une part inédite de la plus-value et que leurs patrimoines atteignent des niveaux inconnus jusqu'alors.

QUELLES SOLUTIONS SELON PIKETTY ?

Différents éléments sont à prendre en compte pour arriver à des modèles de prédiction qui, comme nous l'avons vu avec Kuznets ou Ricardo, peuvent malgré tout difficilement prévoir l'avenir, même s'ils peuvent proposer des hypothèses probables. Ainsi, nos faibles taux de croissance économique et démographique ne semblent pas partis pour réduire le coefficient K/RN. Le millime supérieur posséderait autour de 20 % du patrimoine mondial et voit ce patrimoine augmenter de 6 % par an, alors que la progression mondiale du patrimoine moyen n'est que de 2 % par an. Considérant que le rendement du capital tend à être plus important en fonction des sommes de capital investi, on peut s'imaginer l'avantage qu'auront accumulé les 1 ‰ des personnes les plus riches sur une période de 30 ans !

Piketty argumente que ce type de reproduction mécanique du capital à des niveaux inatteignables pour le travailleur, même hautement qualifié, remet fondamentalement en question les valeurs de méritocratie sur lesquelles se base la société occidentale contemporaine. C'est pour cette raison qu'il milite pour l'installation d'une taxe européenne ou mondiale sur les grandes fortunes, afin de mettre un frein à cette expansion du capital non méritoire. Il s'agit en effet de conserver un espace propice au dynamisme entrepreneurial tout en permettant un contrôle démocratique de ces phénomènes économiques qui peuvent avoir des conséquences sociales et politiques négatives.

François Hollande (homme d'État français, né en 1954) a déjà essayé de mettre sur pied un tel impôt en 2012, mais la mesure n'a fait qu'engendrer une fuite des capitaux néfaste à la relance économique française. Dans le contexte actuel de concurrence fiscale que se font les États afin d'attirer des capitaux, on comprend que la politique d'un Hollande isolé était vouée à l'échec. Ceci dit, il faut admettre qu'une taxation de ce type est nécessaire, mais hélas impossible sans une plus grande coopération internationale. La dernière partie du *Capital au XXIᵉ siècle* apporte un éclairage technique sur cette proposition de taxation du grand capital.

CRITIQUES DE SON APPROCHE

Le capital au XXIᵉ siècle, bien que reçu favorablement en France lors de sa sortie, doit son très grand succès aux Américains. C'est en effet en premier lieu aux États-Unis qu'il devient un véritable best-seller. Et si l'engouement du public est au rendez-vous, c'est également le cas de plusieurs critiques, qui admirent principalement la quantité de données statistiques proposées sur un sujet très actuel et pourtant encore peu étudié en profondeur.

Cependant, Thomas Piketty est tout de même blâmé par de nombreux analystes pour l'interprétation qu'il fait de ces données, dénonçant des erreurs de calcul et une vision irréaliste. Nous avons repris ici quelques-uns des reproches qui lui ont été faits.

C'est tout d'abord la fiabilité même des données qui a été mise en cause, celles-ci remontant parfois à loin dans le passé. Des journalistes du *Financial Times* ont ainsi relevé des erreurs dans les chiffres capables d'infirmer les théories de Piketty (GILES (Chris), « Piketty findings undercut by errors », in *Financial Times*, mai 2014).

Par ailleurs, ses lois économiques fondamentales du capitalisme sont attaquées par certains spécialistes qui les disent carrément fausses. Ainsi, Jean-Philippe Delsol (coauteur de *Anti-Piketty. Vive le capital au XXIᵉ siècle !* et avocat fiscaliste français, né en 1950) avance que son hypothèse de base r > g ne tient pas la route, le rendement du capital ne pouvant croître indéfiniment plus vite que la croissance. L'avocat remarque également que Piketty compare des pommes et des poires, utilisant des bases de calcul différentes pour chaque élément de l'équation.

L'économiste français fait l'objet d'un autre livre le critiquant frontalement intitulé *Piketty au piquet ! « Le capital au XXIᵉ siècle. » Enquête sur une imposture* (2015). L'auteur, Frédéric Georges-Tudo, ancien rédacteur en chef adjoint de *L'Entreprise*, s'attaque ainsi aux énoncés sur lesquels Piketty appuie sa démonstration en en contestant de nombreux points, notamment ceux déjà exposés ci-dessus.

Pour conclure ce sous-chapitre, nous soulignerons qu'il est amusant de constater à quel point Thomas Piketty peut être encensé par les journaux de gauche tout en étant vivement critiqué par ceux qui revendiquent une ligne plus libérale. Pourtant, si l'on analyse les différentes interviews qu'il a données, on peut se rendre compte que Thomas Piketty semble n'être ni un polémiste ni un idéologue. Il ne cherche pas à créer le débat : il est avant tout un universitaire qui récolte des données de manière rigoureuse et essaie de les interpréter de la manière la plus neutre possible. Malgré tout, l'auteur ne peut masquer ses penchants de gauche – tout en critiquant cette dernière dans ses insuffisances.

Il faut rappeler que l'économie est une science humaine et qu'à ce titre, elle n'est jamais neutre et ne peut prétendre à la vérité absolue. L'économie fait en effet partie de ces sciences qui, spécialement sensibles aux biais idéologiques, sont dites « sciences molles » (DI RUZZA (Renato), « La "science économique" est-elle une science ? », conférence donnée à l'université de Provence le 4 décembre 2007).

EXTENSIONS ET APPROCHES SIMILAIRES

Dans la lignée de Piketty est paru en 2015 le livre d'Anthony Atkinson (né en 1944), économiste britannique ayant travaillé avec le Français sur le sujet des inégalités : *Inequality: what can be done?* La particularité de cet ouvrage tient dans ses quinze propositions à caractère politique, qui, selon l'auteur, pourraient faire la différence. Il prône par exemple l'instauration d'un contrôle des salaires plus sévère qui se baserait sur un salaire minimum et un salaire maximum.

Nous noterons encore que *Le capital au XXIe siècle* fait partie des sommes ayant fourni des arguments à certains mouvements populaires comme celui des Indignés, né en Espagne en mai 2011, ou Occupy Wall Street, né aux États-Unis en septembre 2011. On trouve même sur la page d'accueil du site officiel de ce dernier le slogan :

> « Nous avons tous une chose en commun : nous sommes les 99 % qui ne toléreront dorénavant plus la cupidité et la corruption des 1 %. » (La traduction est nôtre)

EN BREF

- En revenant sur les travaux de Ricardo et de Marx, Piketty met en évidence les inégalités colossales qui existaient alors, la richesse étant concentrée entre les mains de quelques industriels et aristocrates. Celles-ci se sont résorbées à partir du début du XXe siècle suite à la destruction de nombreuses richesses durant les deux guerres mondiales et suite à la reconstruction dans un contexte de guerre froide. Le péril soviétique imposait en effet la paix sociale.

- Le cercle vertueux qui alliait augmentation des salaires et croissance économique a pris fin avec les crises pétrolières des années soixante-dix.

- Aujourd'hui, notre myopie historique nous pousse à croire que les problèmes économiques datent de la crise de 2008. C'est faux, nous dit Piketty. Ce sont les crises pétrolières des années soixante-dix qui ont initié le chômage de masse. C'est la chute de l'Union soviétique en 1989 qui a décrédibilisé le marxisme et a provoqué une vague de libéralisation sauvage dans les années quatre-vingt-dix. Ce sont les politiques inflationnistes visant à faire fondre les dettes publiques qui ont creusé un écart compétitif entre les pays de l'OCDE et le reste du monde. C'est tout ce contexte historique qu'il faut prendre en compte pour comprendre la situation écono-mique actuelle. La crise de 2008 a simplement remis le système en cause de manière profonde.

- Désireux de recadrer notre compréhension des problèmes d'augmentation des inégalités et donc de concentration du capital actuel, Piketty énonce deux lois fondamentales et une contradiction centrale du capitalisme, sur lesquelles il base ses conclusions : en période de croissance faible, si le taux d'intérêt de l'épargne est plus important que le développement de l'économie réelle, alors les détenteurs de grands capitaux vont mécaniquement s'enrichir plus rapidement que le reste de la population.

- À ce niveau, la situation économique de la période qui suit la Seconde Guerre mondiale, celle des Trente Glorieuses, a été une exception dans l'histoire. Puisqu'il n'est pas réaliste d'espérer que nous revenions à de telles conditions, il est fort probable que les inégalités vont continuer de se creuser, peut-être même jusqu'à atteindre des niveaux comparables à ceux du début du XXe siècle.

- Or, depuis cette époque, l'Occident est passé d'un modèle social aristocratique à un modèle méritocratique, d'un modèle dans lequel il était normal que la fortune se transmette de génération en génération et dans lequel il y avait peu de mobilité sociale à un modèle où seul le succès professionnel devrait compter. De telles inégalités ne sont donc plus acceptables.

- C'est dans le but de permettre à nos sociétés de conserver ce modèle méritocratique que Piketty plaide pour l'installation d'une taxe sur la fortune. Le capital étant plus mobile que jamais, cette taxe doit être installée internationalement si l'on veut éviter un phénomène de fuite de capitaux comme celui qu'a subi le président Hollande au début de son mandat.

Votre avis nous intéresse !

Laissez un commentaire sur le site de votre librairie en ligne
et partagez vos coups de cœur sur les réseaux sociaux !

POUR ALLER PLUS LOIN

SOURCES BIBLIOGRAPHIQUES

- BOYER (Robert), « Le capital au XXIe siècle », in *Revue de la régulation*, vol. 14, automne 2013, mis en ligne le 12 décembre 2013, consulté le 18 novembre 2015.
  http://regulation.revues.org/10352
- CHAUVEL (Louis), « Du pain et des vacances : la consommation des catégories socioprofessionnelles s'homogénéise-t-elle (encore) ? », in *Revue française de sociologie*, vol. 40, n°1 (1999), p. 79-96.
- CHAUVEL (Louis), *Les classes moyennes à la dérive*, Paris, Seuil, 2006.
- DARMANGEAT (Christophe), « L'équilibre néoclassique », in *Introduction à l'analyse économique*, consulté le 19 janvier 2016.
  http://pise.info/eco/equilibre.htm
- DI RUZZA (Renato), « La "science économique" est-elle une science ? », conférence donnée à l'université de Provence le 4 décembre 2007.
  http://sites.univ-provence.fr/ergolog
- ETNER (François) et BEZBAKH (Pierre), « École néoclassique », in *Dictionnaire de l'économie*, Paris, Larousse/HER, 2000, p. 203-204.
  http://www.larousse.fr/archives/economie/page/77
- GEORGES-TUDO (Frédéric), *Piketty au piquet !* « *Le capital au XXIe siècle.* » *Enquête sur une imposture*, Paris, Éditions du Moment, 2015.
- GILES (Chris), « Piketty findings undercut by errors », in *Financial Times*, mai 2014, consulté le 19 janvier 2016.
  http://www.ft.com/cms/s/2/e1f343ca-e281-11e3-89fd-00144feabdc0.html#axzz3xhko7g4Q

- HÉDOIN (Cyril), « Vers un changement de paradigme en économie ? Une réponse à James K. Galbraith », in *La Vie des idées*, avril 2010, consulté le 18 novembre 2015.
  http://www.laviedesidees.fr/Vers-un-changement-de-paradigme-en.html
- HOBSBAWM (Éric J.), *L'âge des extrêmes*, Paris, André Versailles, 2008.
- HUSSON (Michel), « Le capital au XXIe siècle. Richesse des données, pauvreté de la théorie », in *Contretemps*, février 2014, consulté le 19 janvier 2016.
  http://www.contretemps.eu/interventions/capital-xxie-siecle-richesse-donnees-pauvrete-theorie
- KUZNETS (Simon), « Economic Growth and Income Inequality », in *The American Economic Review*, vol. 45, n°1 (1955), p. 1-28.
- MALTHUS (Thomas R.), *Essai sur le principe de population*, Paris, Flammarion, 1992.
- NISBET (Robert A.), « The Decline and Fall of Social Class », in *The Pacific Sociological Review*, Vol. 2, n°1 (1959), p. 11-17.
- PIKETTY (Thomas), « Le capital au 21e siècle », in *Paris School of Economics*, septembre 2013.
  http://piketty.pse.ens.fr/fr/capital21c
- RICARDO (David), *Principes de l'économie politique et de l'impôt* (trad. de l'édition de 1821 par Francisco Solano Constancio et Alcide Fonteyraud), Paris, Guillaumin, 1847.
- SOLOW (Robert), « A Contribution to the theory of Economic Growth », in *The Quarterly Journal of Economic*, vol. 70, n°1 (1956), p. 65-94.
- *The World Top Incomes Database (WTID)*
  http://topincomes.parisschoolofeconomics.eu/

SOURCES COMPLÉMENTAIRES

- ATKINSON (Anthony B.), *Inequality: what can be done?*, Cambridge, Harvard University Press, 2015.

- Balzac (Honoré de), *Le Père Goriot*, Paris, Flammarion, 2006.
- Delsol (Jean-Philippe), Lecaussin (Nicolas), Martin (Emmanuel), *Anti-Piketty. Vive le capital au xxie siècle !*, Nice, Libréchange, 2015.
- Site *Occupy Wall Street*
  http://occupywallst.org/
- Site *We Are the 99 percent*
  http://wearethe99percent.tumblr.com/

SOYEZ LÀ
OÙ ON NE VOUS ATTEND PAS !

www.50minutes.com

www.50minutes.com

Éditeur responsable : Lemaitre Publishing
Avenue de la Couronne 382 | BE-1050 Bruxelles
info@lemaitre-editions.com

ISBN ebook : 978-2-8062-7679-7
ISBN papier : 978-2-8062-7680-3
Dépôt légal : D/2016/12603/71
Photo de couverture : © manakil – Fotolia.fr

Conception numérique : Primento,
le partenaire numérique des éditeurs